LA CESIÓN DE LAS VOLUNTADES

Mirian Arbalejo

CONTENIDO

Página del título

Derechos de autor

Dedicatoria

PRÓLOGO: LA VOLUNTAD   1

LA DEMOCRACIA Y EL PAPEL DEL INDIVIDUO.   4
EL SISTEMA ELECTORAL

LAS REDES SOCIALES   7

EL ESTADO Y LA FORMA DE GOBIERNO   10

LOS MENORES Y LA RESPONSABILIDAD DE LOS   19
ADULTOS

EL ESTADO DE BIENESTAR Y OTRAS FALACIAS   22
AL OTRO LADO DEL ESPEJO

LAS RELIGIONES COMO PARTE DE LOS   25
SISTEMAS DE CREENCIAS

LOS MEDIOS DE COMUNICACIÓN   31

EXISTENCIA Y ARTE. OCIO   33

EPÍLOGO   39

A mi padre.

PRÓLOGO: LA VOLUNTAD

La cesión de las voluntades, o de parte de ellas, o su cesión en lo relativo a parcelas específicas de nuestras vidas —como las creencias religiosas o políticas, o la desvinculación con nosotros mismos en la elección de ciertas relaciones interpersonales o un ocio que resulten parte de nuestra expresión vital— supone uno de los desafíos básicos en los individuos del siglo xxi.

Es evidente que el entorno es uno de los principales artesanos que nos moldean, que nos *figuran*. La familia, la localización o la época serán influencias inevitables que tendrán gran peso en determinar en quiénes nos vayamos convirtiendo.

Hasta qué punto podemos tomar voluntades y decisiones reales (personales) en un ambiente adquirido es uno los mayores retos que enfrentamos como seres humanos. La pregunta que debemos hacernos es por tanto en qué campos podemos abstraernos de lo inevitable e inelegible y ser dueños de nuestras decisiones, deseos y pensamientos. Por qué cedemos tanto control y voluntad en lo que sería deseable que pudiéramos controlar aunque fuera mínimamente. ¿Tiene acaso algo de positivo o atractivo no elegir? ¿Por qué cedemos tan generosamente la gestión de nuestras voluntades?

Es posible de hecho que no seamos conscientes de que muchas de cuantas creencias poseemos no puedan definirse como realmente libres, y este tema se tratará en este ensayo teniendo muy en cuenta que los sistemas de creencias —como la fe o la política — son fundamentales para los seres humanos y, por tanto, su discusión puede producir reacciones viscerales. Aun así esta revisión es de gran importancia, especialmente de cara a nosotros mismos. Y esto es vital; ser más responsables de nuestra existencia antes de fijarnos en las de otros (o basarlas en los preceptos ajenos). Es con visión de aportar y nunca de ofender el enfoque de este texto.

Hay batallas semánticas, morfológicas y gramaticales perdidas: la confusión entre género gramatical y sexo, los errores en el uso de los prefijos y sufijos grecolatinos, la inexactitud de nuestras elecciones al comunicarnos y, hoy en boga, la repetición de palabras hasta convencer de un significado que no tienen (en muchas ocasiones, el contrario). En la posverdad se opta por elegir consignas antes que hechos: es una decisión, no una imposición. Lo habitual es que los hechos sean comprobables pero optemos por no hacerlo y elijamos aquellas fuentes que diseminan las consignas. Los ejemplos de esta opción de cesión de las voluntades se encuentra en todo espectro social: optar por un vídeo de Internet en vez de en informes científicos (que son por tanto reproducibles en su comprobación) para tomar decisiones sobre nuestra salud, aceptar la información de envíos virales (y compartirla) sin contrastar cediendo así nuestro criterio y siendo parte de las estructuras de manipulación para logros que buscan diseminar esa desinformación por razones que nada tienen que ver con el contenido de que somos víctima y altavoz; permitir que la mercadotecnia regule nuestro ocio y la necesaria experiencia con lo artístico mediante catálogos limitados y repetitivos que no se basan en el valor de las creaciones. En estos ejemplos no se puede hablar de imposición, pues el individuo tiene la opción de no ceder su voluntad a terceros y encontrar respuestas genuinas. Por supuesto, el ejercicio de elegir opciones puede llevarnos al resultado original de esa ruleta, pero si eso sucede se hará a sabiendas de que existen otras opciones que hemos desechado voluntariamente.

LA DEMOCRACIA Y EL PAPEL DEL INDIVIDUO. EL SISTEMA ELECTORAL

Una de las batallas semánticas más dramáticamente perdidas es la del término democracia. Su definición es "el gobierno del pueblo" pero en su extendido uso damos por realidad una falsedad. Si el pueblo —el conjunto de individuos que conforman una sociedad— tuviera la soberanía, no elegiría injusticia laboral, políticas contra el cuidado de la salud, miseria energética... y, claro está, no optaría por oligarquías y, especialmente, plutocracias como formas de gobierno ni las llamaría democracia.

La mayor traba para vivir en un sistema democrático (que aún no se ha logrado) es creer que pertenecemos a uno.

El imperfecto sistema electoral no es ya una expresión democrática. El acto de votar es un ejercicio que podría serlo, pero en las circunstancias actuales no lo es. Las limitadas y reiterativas opciones que aportan los partidos políticos no reflejan las realidades de los deseos y necesidades de los ciudadanos (muy a menudo incluso contrarias a las necesidades más básicas de una civilización que pueda considerarse como tal). Si las pocas personas candidatas a un cargo de gobierno no ofrecen propuestas afines a esos deseos y necesidades de los individuos que conforman la sociedad que pretenden gobernar, ¿qué opciones efectivas tienen dichos individuos? Ni siquiera el voto en blanco es contabilizado para ese potencial gobierno, cuando es una expresión ciudadana de gran importancia. Sucede igual con la extendida creencia de que la abstención es sinónimo de apatía democrática, cuando en realidad conforma un gran espectro de actitudes: inconformismo, decepción, ausencia de representación, anarquía, reacción, indolencia... Las razones por las que no votamos o no queremos votar lo ofrecido deberían hacernos reflexionar sobre cuánta realidad contiene el término *democracia* y sobre la efectividad del sistema en uso.

La mecánica del sistema electoral y el funcionamiento de la forma de gobierno son un ejemplo de mezcla entre imposición (limitarnos en la posibilidad de elegir) y cesión de la voluntad. Lo segundo ocurre especialmente en nuestra automatización al convertir a los candidatos o a los partidos —incluyendo sus dislates— y no las ideas valiosas vengan de quien vengan en nuestro sistema de creencias, transformando al político en profeta: infalible, incontestable. Deberíamos ser especialmente críticos con aquellos que parecen actuar en nuestro nombre, y sin embargo la crítica es el ejercicio que menos utilizamos hacia nuestro político-profeta. El telepredicador y el político en mitin muestran pocas diferencias: su público muestra aún menos.

Si existen individuos realmente capaces para gestionar lo público, se encuentran limitados por la fagocitación de sus propios partidos, que a menudo representan actitudes sectarias impropias de quien se debe a la ciudadanía. Literalmente.

De nuevo vemos otro ejemplo de que el mayor obstáculo para conseguir una sociedad y un gobierno democráticos es no ser consciente de que los que tenemos no lo son.

La voluntad de cada individuo debería ser la clave para la construcción de la sociedad democrática, sus normas de convivencia y su forma de gobierno, si realmente aspiramos a una democracia efectiva.

LAS REDES SOCIALES

as redes sociales no son un reflejo de la sociedad, pero sí de su poquedad. La naturaleza de las publicaciones, dependiendo de la plataforma de elección, suele celebrar la vanidad, la demagogia, la ira... La redes sociales ponen a nuestro alcance posibilidades enriquecedoras y útiles y, aunque hay que insistir en que un cronograma —o timeline— no es un reflejo real de la sociedad, el uso que hacemos de ellas sí lo es.

Desde el peso de la espiral del silencio a la propia elección de la red; las actitudes que tomamos en la redes revelan más sobre nosotros que los contenidos que compartimos. ¿Por qué elegimos esta plataforma? ¿En qué nos basamos? Habitualmente no somos conscientes del pacto tácito con nosotros mismos —y digital con la empresa— de lo que supone hacer nuestros perfiles públicos y permitir el acceso a algo que pudiere no desaparecer pese a nuestros potenciales deseos de que suceda en un futuro. Y estamos siendo definitivamente permisivos con la complejidad de las consecuencias en los usos no éticos —en ocasiones criminales— que algunas de estas plataformas hacen con nuestros datos. Incluso tras probadas causas, escándalos y efectos de dimensiones históricas, no despertamos la voluntad de hacer click en un botón y salir de la ruleta. Sabemos que se venden datos que no hemos autorizado a empresas, gobiernos e individuos. Sabemos que han volteado elecciones en países teóricamente democráticos y que han logrado influir por medio de mentiras (mentiras que algunas plataformas a fecha de hoy siguen publicando a cambio de dinero) a millones de personas, decidiendo gobiernos y cambiando los mapas políticos del planeta.

La acción de enviar a otros una publicación con una información que busque afectar nuestro ánimo sin haberla contrastado es una cesión de la voluntad. Es una abstracción de la capacidad de análisis del individuo para entregarla a actores cuyos intereses no nos han sido desvelados, formando así parte de una maquinaria de desinformación y renuncia a las conclusiones individuales. Ante publicaciones así es importante preguntarse siempre quién ha creado la publicación y qué se pretende lograr *realmente* con ella.

Todos los individuos somos víctimas de la desinformación. Pero también somos grandes cooperadores. Compartir mentiras que afectan política, social, sanitaria, moral, económicamente... es una acción de profundo peso para las sociedades y la aspiración a la democracia.

Necesitamos unas normas legislativas que regulen estas acciones. Si empresas, campañas o individuos utilizan falsedades para su beneficio, deben responder por estos hechos. El fraude en ninguna de sus formas debe obviarse en las campañas políticas, sino que hemos de ser especialmente contundentes en estos casos, dado que las repercusiones son ingentes. Las juntas electorales han de ser también responsables de vigilar estos actos, pues entra dentro de la más básica descripción de sus labores. Hoy no es legal que se publiquen encuestas el día antes de unas elecciones pero se permite la diseminación viral de carga política por todo tipo de medio de literalmente millones de mentiras —gran parte financiadas con dinero de la campaña de los partidos candidatos a gobernar— para afectar en el ánimo del votante con estas desinformaciones y conseguir su voto de forma deshonesta (y habría que estudiar y regular si ilegal).

EL ESTADO Y LA FORMA DE GOBIERNO

No es gratuito haber incluido la política como sistema de creencias. En el siglo XXI vemos más y más cómo las actitudes devocionales, intransigentes e irracionales se encuentran en diversos campos de la experiencia social y humana; siendo la actitud ante las religiones y las posiciones políticas dos de las más importantes.

Una revisión del funcionamiento del poder ejecutivo —y por tanto su efecto en el resto de poderes— es prioritaria. Hemos ido acostumbrándonos a expresiones como "el menos peor", "puesto a dedo", "condenado por corrupción", "el congreso hoy estaba vacío" o "elegir sus jueces". Nos hemos ido anestesiando hasta el punto de aceptar que en este último ejemplo el verbo *elegir* y el posesivo se apliquen a quienes deberían mostrar y defender la mas alta independencia de criterio, a quienes van a nada menos que juzgar.

La manera en que se estipula el personal judicial no debe originarse en el poder ejecutivo, y, si se revisa concluyendo que es la opción más imparcial (lo antónimo a la actualidad), esta normativa debe ser un ejemplo de ecuanimidad. La justicia no debe ser en ninguna circunstancia herramienta del resto de los poderes.

Respecto al tercer poder, el legislativo, comprendemos teóricamente su papel pero es inevitable nuestra confusión ante la realidad formal de instrumentos como el Senado. Si los legisladores pertenecen en la actualidad en su gran mayoría al poder ejecutivo, ¿quién lleva a cabo el necesario control? ¿Tan pequeña es la importancia del Senado que se utiliza como repositorio para miembros de partidos como una suerte de premio (en ocasiones, ofensivamente para la institución y la ciudadanía, premio "de consolación")? Otras reflexiones que debemos hacernos al respecto es si diputados y senadores están preparados para legislar y actúan con la libertad de hacerlo por el bien de la ciudadanía al margen de las posibles presiones del partido a que pertenezcan.

En este caso quienes pueden estar cediendo una voluntad (o más bien, una responsabilidad y en muchos casos el incumplimiento ante un juramento de cargo) son aquellos que anteponen lo personal o partidista a aquellos a quienes representan. El resto de la sociedad vuelve a ser mero espectador, lo que nos lleva de nuevo al modo de elección de quienes nos gobiernan y la irrisoria participación de la sociedad en aras de una verdadera democracia.

Pero antes de estas acciones urgentes existe algo más prioritario aún: reflexionar sobre las formas de gobierno.

Somos, oficialmente, en España, una monarquía parlamentaria formada por una población dividida, en su mayoría, en su inclinación hacia una monarquía o una república. Por un lado, el concepto, definición y realidad de la monarquía es incompatible con la democracia pues inclina su favor hacia unos pocos ciudadanos basándose en quiénes fueron sus antecesores, lo cual jamás será compatible con el mérito ni con la igualdad que subraya la historia del constitucionalismo. Por otro lado, la fe en una república en caso de lograrla solo traerá decepción pues no es posible que esta forma de gobierno —levemente menos obsoleta que la monarquía— funcione como motor democrático en las sociedades del siglo XXI. Ninguno de estos dos sistemas de gobierno puede ya gestionar con éxito los retos de las sociedades contemporáneas ni son en su estructura eficientemente democráticos.

Si vamos a basar el funcionamiento de una sociedad en una constitución, este documento debe ser impecable y revisado con el cambio de los tiempos, pues las grandes amenazas a la democracia en el siglo XXI no pudieron (como es lógico) ser previstos por quienes legislaron el documento. De hecho algunas constituciones proponen actualmente herramientas para problemas actuales complejos pero hemos presenciado cómo pueden ser ignoradas impunemente. En otras circunstancias inimaginables en su redacción y que hoy devoran la democracias no pueden resultar una guía democrática si no son revisadas (hay que insistir que este trabajo requiere la mayor responsabilidad, honradez, preparación, inteligencia y virtud).

Si tomamos como ejemplo España sería lícito incluso hacernos esta pregunta: ¿tenemos realmente una Constitución o una Carta otorgada?

Es un hecho que varios de sus artículos no se cumplen (sin consecuencias) y otros se manipulan por cuestiones políticas. ¿Dónde apoyar entonces la soberanía efectiva? ¿En un pueblo que es más víctima que representante? ¿En las Cortes Generales? ¿Cómo permitimos tal desvinculación entre todos estos aparatos, actores y normas? Todo esto revela una ausencia clara de democracia en nuestra sociedad.

Y, sin embargo, una Constitución de redacción exquisita, dedicada, justa, radicalmente democrática, con un sistema de revisión no partidista cuando necesite dar respuesta nuevos retos, que aspire a la excelencia, humanidad y legalidad en su contenido es clave y podría ser parte de la respuesta junto con una revolución en la estructura y elección de los cargos de gobierno.

La estructura del sistema de gobierno necesita una reconstrucción completa que reconozca y deshaga los vicios adquiridos en las instituciones, sea inflexible con la separación de poderes, tome en serio y sea exigente con quienes componen el poder legislativo y, sobre todo, aspire a la excelencia, profesionalidad, aptitud, integridad y competencia en el ejecutivo.

Las personas que aspiren a cargos públicos deben demostrar una formación y capacidad básica (posiblemente incluir exámenes o pruebas específicas al margen de las titulaciones pertinentes sea una acción lógica) en el campo que van a gestionar, altos estándares éticos y aptitud psicológica. Esto último, basándonos en los gobiernos mundiales a cualquier nivel es hoy en día imprescindible para evitar que sean individuos con sociopatías y otras problemáticas incompatibles con el poder de decisión en la vida de otros quienes tan habitualmente llegan a ostentar los puestos de poder. Las pruebas psicológicas para acceder a estos puestos son actualmente indispensables.

Estos representantes y gestores de lo público deben recibir una remuneración por su trabajo equivalente al salario mínimo interprofesional, que es la cantidad que ellos mismos han aprobado como adecuada para sus conciudadanos. Esta medida respondería a un principio de justicia y otro de protección democrática: no se exige preparación ni titulación superior para optar a un cargo público (lo cual tendría sentido en una democracia real), mientras que licenciados o doctores (recordemos por ejemplo a los investigadores españoles) no suelen recibir una remuneración acorde a su trabajo ni su currículo. Respecto a la medida de protección, ya indicó Platón hace 2.500 años que esto evitaría el acceso a estos cargos a aquellos que buscan fines diferentes al verdadero servicio público.

Si realmente viviéramos dentro de una democracia, los individuos que conforman la sociedad experimentarían una existencia cómoda; quizá no en un estado ideal pero sí digno y básico. Los gestores de sus gobiernos no harían gastos superfluos ni tomarían decisiones que no tuvieran como fin el bienestar de los individuos por quienes trabajan. Se les debe exigir responsabilidad en caso de inclupimiento de su programa electoral.

Ya que es difícil —y probablemente inapropiado— gestionar la moral en política, al menos la ética debería seguir en importancia a la legalidad en la mala praxis política. La permisividad de las ciudadanías y sus instituciones respecto a las acciones y conductas inaceptables en responsables de la gestión de lo nuestro es parte de la enredada urdimbre de corrupción en el sistema y de la cesión de nuestra voluntad respecto a exigencias legítimas.

Que algo no se encuentre en una situación tan mala como en el pasado no significa que ahora esté en la situación ideal. Mejorar hacia un estado que aún es deficiente es un logro insuficiente. No debemos conformarnos. Tenemos herramientas y recursos, nos falta un verdadero respeto y compromiso con una sociedad realmente democrática.

Utilizar nuestros votos para evitar el éxito de una candidatura es la ejemplificación del fracaso del sistema. Estos hechos, el de la renuncia a usar el voto para lo que deberíamos poder utilizarlo —apoyar un proyecto válido para nosotros como individuos y como conjunto de ciudadanos— o el de la extensión de la expresión "voto útil" definen cómo nos hemos habituado a renunciar a lo que debería ser protegido —poder votar con convicción proyectos que nos hagan una prioridad— y acabar acostumbrándonos a rodeos en nuestras acciones para no sentir que hemos perdido del todo nuestra supuesta herramienta democrática utilizándola con fines de naturaleza defensiva, y no por la convicción que debería habernos creado alguna candidatura.

Aquellos partidos o individuos que no presentan programas que nos hagan su prioridad deberían poder ser no votados sin temor a que nuestro voto se pierda. Individuos o agrupaciones con ideas y propuestas valiosas no deberían tener que encontrarse en la necesidad de adscribirse a partidos ya existentes para ser visibles, pues tampoco es lo habitual que dichos partidos propongan a un candidato por su valor sino por razones que a menudo nada tienen que ver con el mérito.

Los partidos contienen grandes ejemplos de

cómo no se debe gestionar y qué características son incompatibles con las verdaderas aptitudes en el servicio público y las buenas cualidades de un gobernante o un grupo de ellos.

Uno de los numerosos indicadores de la necedad en la gestión pública es tratar el Ministerio de Cultura como una asignatura "María", cuando en España ha de ser una prioridad. Hasta que un gobierno no sea consciente de esto, difícilmente gestionará bien el resto. Si el mayor valor del país (pasado, presente y, pese a las continuas incompetencias en su gestión, futura) es ninguneado, la confianza en el resto de las capacidades de estos responsables de lo público debe entrar en duda.

Hay que incidir en este punto, en lo relativo a las decisiones de los individuos respecto a la política —ya hemos visto en el capítulo anterior que la manipulación de nuestras emociones en política suele utilizarse para logros distintos—, en la diferencia entre los resultados de haber recibido presiones y los de una cesión de nuestra voluntad. En el primer caso la influencia de un entorno social y/o personal insidioso parece no dejar más opción que ceder a la imposición; en el segundo sin embargo la decisión es tomada por nosotros mismos, sin aplicar sentido crítico a situaciones relevantes que son afectadas más por el pensamiento grupal que por un real estado de presión.

Debería haber tantos tipos de vidas adultas como personas, sin embargo lo habitual es encontrar todavía hoy una agenda de eventos vitales que vamos reproduciendo a menudo en masa sin una reflexión íntima necesaria achacando eventos y decisiones de gran peso en nuestras biografías a la costumbre, coincida o no con nuestra voluntad. ¿Hemos elegido libremente nuestra vida? y, más importante aún, ¿estamos permitiendo que los menores logren al alcanzar la madurez lo que realmente desean?

LOS MENORES Y LA RESPONSABILI- DAD DE LOS ADULTOS

Los menores deben ser protegidos de una manera fundamental sin olvidar sus derechos como individuos. Los tutores no deben imponer sus creencias a los menores y, si va a existir una asignatura de Religión en las escuelas, esta debe abarcar todas las confesiones, así como el ateísmo y el agnosticismo, sin olvidar explicar el funcionamiento y peligro de las sectas. Sin conocer las diversas realidades que las congregaciones e individuos profesan no es posible elegir.

Las personas deben llegar a sus conclusiones y sistemas de creencias de forma personal y libre, y esto debe suceder trascendiendo el ámbito familiar, local o social. La búsqueda personal de creencias debe ser siempre un ejercicio y un derecho del individuo primero y de la sociedad después. Si no se respeta esta máxima, no nos encontraremos ante una cesión de nuestra voluntad, sino una manipulación de la misma por parte de los adultos.

Un opuesto que desampara a los menores es la sobreprotección. Blindar la realidad de que existen circunstancias incontrolables de lo que significa estar vivo convertirá a los niños de hoy en adultos confusos y pasmados. Sin dejar nunca a un lado el trato cálido que todo menor merece, la explicación de las situaciones adversas del entorno deben ser explicadas en momentos acordes a una edad razonable en conversaciones con detalles y palabras sensatas, pues nada asegura que en el futuro puedan ser individuos que tengan que lidiar con circunstancias extremas, como la enfermedad, la pobreza, la muerte, la guerra o el abuso.

Existe una confusión extendida con lo relativo a lo moral, y es la de relacionarla con un pensamiento o religión conservadores. La moral se refiere —simplificando mucho— a una brújula que apunta a lo correcto y se posee más o menos desarrollada en todo individuo. Muchas de las exitosas líneas del microtargeting ultra conservador (también de otras ideologías) que encontramos en las redes sociales reivindican ideas que relacionan con lo moral y que o raramente lo son o podrían ser definidas como amorales. Aceptarlas sin revisión es una forma de cesión de nuestra voluntad. La moral (como analizaremos más adelante) no es patrimonio de las religiones ni de movimientos ideológicos; otra razón por la que los menores deben ser protegidos de los ejercicios de adoctrinamiento. Los sistemas de creencias son pilares sobre los que nos sustentamos como individuos: llegar a una edad madura y encontrarse en una crisis de lo que nos han inculcado creer, pensar o sentir es un doloroso derrumbe que podría ser evitado ofreciendo el más amplio conocimiento a los menores sobre los distintos tipos de vidas y creencias, y respetando sus conclusiones —y por tanto la posesión de su voluntad— como individuos, que es su más básico derecho.

EL ESTADO DE BIENESTAR Y OTRAS FALACIAS AL OTRO LADO DEL ESPEJO

La herramienta más eficaz para valorar el éxito de una sociedad y su aproximación a la idea de democracia es la forma en que se responsabiliza de mejorar la vida de los individuos en situaciones adversas y de gran sufrimiento. No se trata de las situaciones vitales recurrentes en la vida de todo individuo, sino tragedias ajenas a la voluntad de la ciudadanía, como huír de una violencia cercana o la guerra lejana, las limitaciones físicas o psíquicas, el desamparo de muchos menores, la enfermedad grave y/o limitante, las necesidades básicas para una vida digna, el desempleo prolongado (que no debería tener lugar en una democracia bien gestionada), etc.

Cuanto más frágil es la situación del individuo, más hostiles e ineficientes son con él las administraciones de los estados que deberían, legal y éticamente, defenderlos. Es común la circunstancia de que en situaciones gravemente desfavorables, el mensaje tácito que reciben es que *molestan* e incluso *sobran*. La desprotección en las situaciones extremas es otro ejemplo de cómo las instituciones en que se fundamenta la sociedad favorecen especialmente a quienes menos lo necesitan, mostrando una negligencia continua en su funcionamiento. El estado se desvincula a efectos prácticos de quienes deberían ser sus prioritarios y mayores compromisos: de nuevo se confunden los términos *valor* y *solvencia*.

Aquí presenciamos un maquillaje de voluntades: enarbolando proclamas de solidaridad y justicia social, la realidad de la ineficiencia e irresponsabilidad en tantos campos relativos a este *Estado de bienestar* inexistente debería resultarnos inaceptable e insoportable. Es necesaria una revisión (en realidad una verdadera revolución y reconstrucción) del *modus operandi* de las administraciones, instituciones y empresas responsables; muy especialmente las de carácter público (que en numerosas ocasiones deciden el futuro de vidas muy duras). Recordemos que un individuo en una situación vulnerable está marcadamente indefenso ante las injusticias y la reclamación de sus derechos (punto al que no debería llegar nunca una sociedad y, sobre todo, un estado que sea responsable en uno de sus más importantes trabajos).

Buscar consuelo en comparar situaciones extremas ("otras personas sufren más", "en otros países se vive/se gestiona peor", dicho a personas con extremo sufrimiento) es una falacia adoptada como aceptada, cuando es en su construcción un pensamiento sociopático que normaliza casi con beneplácito la desvinculación hacia el daño extremo, insalvable si el individuo no cuenta con un consenso administrativo y gubernamental real que le respalde y un trabajo multidisciplinar de todos los actores responsables de esas herramientas. En este asunto la ineficacia es inaceptable. De nuevo: haber mejorado respecto al pasado no convierte el estado actual en el deseable.

Hay que aspirar a una sociedad de individuos con vidas dignas. Si no lo logramos, no debemos hablar de democracia… el pueblo sigue sin ser la prioridad y, por supuesto, sigue sin ser parte real de su gobierno. Aquí no podemos hablar de cesión de la voluntad pues la voluntad es ignorada o quebrantada.

LAS RELIGIONES COMO PARTE DE LOS SISTEMAS DE CREENCIAS

Todos los sistemas de creencias en que nos fundamentamos como individuos pueden clasificarse en dos tipos: los racionales y los irracionales. A menudo desarrollamos nuestra existencia dando más peso al segundo, pese a que se sustente en actos de fe.

Las creencias místicas (incluyendo las que dudan o niegan la existencia de un ser trascendente) deben ser respetadas. De igual modo, estas creencias nunca deben ser impuestas a otros en ningún nivel: personal, familiar o estatal. Los individuos que se identifican con un sistema de creencias religioso suelen cargar la convicción de que su elección es la cierta, lo que en ocasiones produce reacciones de rechazo, discriminación, lástima o mofa hacia otras confesiones. Esto niega el principio de respeto. Si además un Estado favorece alguna confesión, la discriminación es pública y de mayor gravedad, pues es cómplice de una desigualdad que debería combatir.

Esto es especialmente grave en el caso de los estados que no desvinculan su funcionamiento —y con contundencia— de toda religión. Los gestores de lo público se deben a todo ciudadano de toda naturaleza, ideología y creencia —incluyendo la ausencia de esta—. Favorecer una confesión discrimina al resto, lo que marca un fracaso en el ejercicio (y juramento) de sus cargos como representantes de los ciudadanos y la aspiración a la democracia. Las normas y la Constitución deben ser claras en este punto para evitar abusos y permitir coherencia en el desempeño de los cargos públicos.

La separación entre religiones y Estado es imprescindible para la sociedad; sería inviable seguir los diversos preceptos de las distintas religiones, lo que nos recuerda que las sociedades solo pueden basarse en normas comunes.

Pese a ello vivimos bajo la falsa creencia de que esta separación existe en los estados occidentales: hemos escuchado al fiscal general de los Estados Unidos de América reivindicar la teocracia como forma de gobierno, en España se beneficia a una confesión en detrimento del resto incluso en los ejercicios tributarios, "aconfesional con acuerdos" o laico cristianizado son oxímoron que se traducen en imposibilidad democrática real.

Hay que insistir en que las normas de convivencia de las sociedades no pueden basarse en creencias religiosas; en primer lugar, como se ha indicado previamente, porque varían entre ellas, y, en segundo y definitivo lugar, porque son normas que se han manipulado a lo largo de milenios, por obsolescencia, ignorancia o como armas de control. Buscamos normas de convivencia, realidades civiles; no contentar un colectivo específico, sino ser útiles para toda la sociedad.

Hay que desconfiar de aquel representante religioso que pretenda influir en nosotros políticamente. Cómo deseamos que funcionen las instituciones y nuestras ideas al respecto pertenece a un sistema de creencias diferente y sigue siendo privado y único; sería una actitud aberrante por parte de dicho representante, al igual que lo sería la del político que trata de imponer sus creencias religiosas a los ciudadanos.

La aproximación a los llamados "textos sagrados" solo resulta ecuánime desde el estudio filológico. ¿Qué hace un versículo de la *Biblia* sagrado pero no un verso de la *Teogonía*? Nuestra interpretación y su traspaso entre generaciones. En su día también sucedió con el politeísmo de, por ejemplo, el panteón olímpico; ahora hemos cambiado las fuentes. Pero curiosamente seguimos confiando más en la interpretación de un miembro de nuestra confesión (interpretaciones que varían según la formación de los individuos y la traducción recomendada, que es distinta según las religiones aunque se trate del mismo libro) que en un filólogo experto en las lenguas originales de nuestros textos religiosos. Una aproximación filológica a, por ejemplo, el Génesis, nos mostrará interesantes y razonables restos de politeísmo que por lo general no aparecerán en las traducciones que recomienda cada confesión. En los originales encontraremos una versión única, y unas primeras traducciones de impecable trabajo.

La búsqueda y la duda es la forma de llegar a la fe u otras conclusiones; es un trabajo ante todo individual. En este caso está en nuestras manos no ceder la voluntad de elegir, sino decidir por nosotros mismos.

Los sistemas de creencias pueden proponer normas que nos convenzan (o no) moral y espiritualmente, y debemos ser respetados para vivirlas siempre que estas no violen derechos humanos y civiles; pero nunca debemos imponerlas a otros.

Hoy en día es todo un reto distinguir religión de secta; no obstante son realidades diferentes —en ocasiones con límites borrosos— y por eso es importante un pacto de todos los organismos y asociaciones de posible implicación para la protección de potenciales víctimas de organizaciones sectarias (teniendo siempre en cuenta que las sectas del siglo XXI no siempre atrapan a través de la religión). No es posible apoyarse en un sistema de creencias que lo que busca es el control del individuo. Un individuo sometido no puede elegir, y por tanto no existe una voluntad individual que haya escogido libremente. Todos los posibles actores involucrados en evitar esto deben actuar en consenso.

Es bastante común confundir los sistemas de creencias religiosos con los sistemas morales. La moral es una disciplina independiente a la pertenencia a una confesión o a la desvinculación de estas. Ni profesar una confesión ni su rechazo ni todas las opciones intermedias aseguran ni garantizan la ausencia de conductas inmorales.

Actos flagrantemente inmorales se llevan a cabo en nombre de la religión y en contra de ella.

La pertenencia a una confesión no garantiza individuos íntegros, y los estados que gobiernan según una religión deben hacernos dudar automáticamente de su respeto hacia la libertad de sentimiento y pensamiento, y, por tanto, de su capacidad democrática.

Es importante recordar que la vida espiritual y/o religiosa no es dependiente de las asociaciones normativas que son las religiones. La búsqueda de lo trascendente (o el conocimiento de los textos sin mediadores que adapten sus interpretaciones) es una experiencia que perfectamente puede suceder de forma personal: es esta la manera de alcanzar una verdadera revelación, sin imposición, ni explicaciones manidas (y casi siempre inexactas) que pueden llevar a los individuos a conflictos y confusiones. Cuando una religión no permite vivir una vida plena, ha de hacernos plantearnos el porqué.

Las instituciones deben defender a los individuos. Ceder ante la imposición de preceptos en vez de descubrirlos individualmente y seleccionar lo que supondrá parte de nuestro sistema de creencias es una de las formas más inconscientes y de mayor efecto en nuestras vidas de renuncia de nuestra voluntad a manos de otros; otros que no son nosotros pero a quienes daremos poder sobre nuestra voluntad y creencias.

Facilitar un conocimiento amplio, especialmente a los menores, sobre las diversas religiones, las opciones de basar también estos sistemas de creencias al margen de ellas, la protección contra las sectas y la libertad para decidir e ir llegando a sus propias conclusiones a lo largo de su vida debería ser un derecho indiscutible de todo individuo.

LOS MEDIOS DE COMUNICACIÓN

L a debacle de la profesión periodística está teniendo un papel protagónico en la desdemocratización de nuestras sociedades. Esto se apoya especialmente en dos pilares: aquiescencia e incapacidad.

Se ha cedido su título de *cuarto poder* a las maquinarias de desinformación (muchas veces formando conscientemente parte de ellas) y renunciado a su básico papel democrático de mecanismo de control sobre ilegalidades del estado, instituciones o empresas.

Los términos antagónicos son ahora uno mismo en este campo. Publicidad y crítica, opinión y propaganda.

Siendo irresponsable en el ejercicio de su profesión, lo ha sido con cada uno de los ciudadanos mal informados, desinformados o, en muchas ocasiones, directamente engañados. Han jugado este papel protagónico en la mayoría de los graves problemas que han sufrido individuos, colectivos, sociedades y gobiernos. La verdadera noticia está justo detrás de la que se publica, y rara vez es contada. Los bochornosos titulares sensacionalistas y la desafección hacia las directivas de los expertos están mostrando una prensa inservible en el bastión de la manipulación y la desinformación que está resultando ser el siglo XXI; precisamente en un momento en el que la recuperación de profesionalidad en este oficio es de extraordinaria importancia.

EXISTENCIA Y ARTE. OCIO

Existe una problemática en cómo nos aproximamos al arte, en cómo hemos elegido no educar sobre él, malentenderlo, desapegarnos pese a necesitarlo (más aún que en el pasado). Esto sucede también con las humanidades. Seguimos tratándolas como una asignatura maría. Ya sea en academias, conservatorios o universidades, la dinámica de considerar las artes como una afición (si acaso) o un complemento y no como una ocupación seria, importante y prioritaria sigue siendo uno de nuestros mayores errores como sociedad. Porque sin creadores de arte, sin revisores de la mímesis, logógrafos o artesanos de emoción y belleza, una de las partes más importantes de la vida de todos los individuos (y por tanto de las sociedades) queda yerma.

Las artes enaltecen al ser humano; lo llevan a

aventuras personales, estimulan su pensamiento y alimentan su sensibilidad.

El ocio es una de las parcelas humanas que mejor nos definen, y el arte es una de las realidades intrínsecas (consciente o inconscientemente) de nuestras vidas, especialmente (pero no solo) durante ese estado de tiempo donde nuestra voluntad puede ejercerse con mayor libertad. El ocio es nuestro reino de elecciones y experiencias.

Ahora, ¿estamos interesados en consumir un arte que nos estimule de manera real?

Tomemos como ejemplo la música (presente en nuestro ocio pero integrado en nuestras vidas más allá de él). Parece que el público de nuestro tiempo no está interesado en elegir. Recibe ya hecho el catálogo de qué escuchar, y se muestra indolente ante una radiofórmula lineal. Queremos música que no venga de la música, sino de la publicidad. Así, el ocio no es sinónimo de dar valor a nuestro tiempo sino de llenar horas con lo que se nos proponga en ese catálogo cerril.

Hay que insistir en que el ocio es uno de los pocos escapes que nos ofrece la vida en que podemos ejercer nuestra voluntad plenamente. Tomar conciencia de las muchas elecciones que por fin están en nuestra mano y de que —siendo optimistas— contamos con una vida para explorarlas nos permitirá ir eligiendo las que nos completen en todas las realidades que nos conforman. Sin curiosidad ni elección estamos cediendo la voluntad más viable que poseemos.

Cuanto más conozcamos, más auténticas y por tanto valiosas serán las elecciones relativas a nuestro limitado y precioso tiempo libre. Buscar más allá del reducido catálogo que tratan de imponernos empresas que mercadean con el arte (y en muchas ocasiones es discutible incluso esa definición) es un ejercicio de posesión de nuestra voluntad que aportará valor a cada hora de nuestra vida. Incluso si nuestro deseo es optar por obras de ese catálogo de triunfo endogámico, sabremos que hemos elegido libremente, informados y convencidos. El arte real es una vía hacia el disfrute; no olvidemos esa máxima.

Y es que existe una extendida y antihumana confusión entre cultura y esnobismo. Disfrutar del arte es una experiencia inherente a todo ser humano; puede que en ocasiones no seamos conscientes; pero es en esencia la forma de sentirnos identificados, estimulados: el arte nos representa y nos refleja en creaciones musicales, plásticas, literarias... es algo que hemos integrado en cada día de nuestras vidas. Por tanto, optar por mostrar esto de forma forzada, ampulosa o clasista es una elección individual que no tiene que ver con el hecho artístico a que se refiere.

El arte, en su definición, solo será válido si es honesto.

La música (o cualquier otra disciplina artística) no es elitista, pero un trabajo publicitario equivocado o —de nuevo— la repetición de consignas de otros, tachando como elitistas ciertas partituras, es un tándem común que suele llevarnos a la cesión de una voluntad que ni siquiera hemos intentado utilizar.

Por otro lado cobra una gran ironía considerar popular una música cuyo coste de concierto pueda suponer un porcentaje excesivo nuestro salario. El elitismo no está en los géneros. ¿Quién es responsable de que no podamos costear un hecho artístico? La respuesta al elitismo real está ahí. Dejemos de culpar al arte y fijémonos en cómo se mercadea, en la mayoría de los casos en detrimento del artista y el (potencial o fiel) público.

Sin importar a qué género musical nos refiramos: algunos creadores lograrán obras emocionantes, interesantes y valiosas al trabajar la melodía, la armonía y el ritmo, y otros no. Pero al ignorar la forma en que la música y otras artes se distribuyen, al ceder a esos escasos canales de naturaleza mercadotécnica no basada en méritos artísticos, al no elegir, nada garantiza que esta música valiosa prospere porque el público se encuentra en un estado pasivo donde *no elegir* es fácil, donde consumir ese catálogo limitado de naturaleza publicitaria y no musical está tan integrado en nuestras vidas que no somos conscientes de que poseemos una capacidad de elección que podría hacer nuestras horas más emocionantes, más felices, más interesantes. Esa cesión de la voluntad a catálogos de multinacionales puede cambiar con solo ser conscientes de que existen más opciones y que son innumerables. La experiencia artística es una emoción humana incalculable y nuestras horas de ocio son preciosas, no un tiempo que llenar con cualquier cosa.

La paradoja es una constante en la música en directo. No es común que se llene el aforo de un espectáculo en el que un músico de talento ofrece un trabajo honesto, aspira a crear algo bello, reclamar nuestra sensibilidad y, con suerte, llegar a emocionar, donde, como público podremos, sin perderlo, trascender el entretenimiento. Mientras esto sucede, en algún otro punto de la ciudad, se premiará la mediocridad. Si ignoramos el talento y cedemos a la propaganda en forma de notas anodinas sin una previa elección lúcida de esa opción, la música como tal no importa. El arte y el ocio nos resultan en realidad conceptos ajenos. Nosotros mismos no nos importamos.

De nuevo la prensa falla en lo relativo al arte. Este choque entre la crisis en los medios de comunicación y el desapego a las artes está dejando una herida nada halagüeña. ¿Encontramos cada vez menos arte (las humanidades, única herramienta humana real para afrontar la existencia, la damos por perdida en este campo) en los medios porque no nos interesa o porque no se nos ofrece?

Los claros límites entre conceptos opuestos se han desdibujado y es ya la norma su confusión entre la publicidad y la crítica; la mercadotecnia y la divulgación.

En este escenario el individuo va aprendiendo a dejar de ceder su confianza en publicaciones específicas —a las que acudimos por costumbre o debatibles sesgos que creemos ideológicos— y a encontrar las voces tanto habladas como escritas en medios no tradicionales; y son los propios medios los que empujan al aficionado y al curioso a hacer esto. Los referentes no son los medios sino los autores. En la era de la desinformación y la renuncia al desarrollo digno de la profesión, resulta de especial utilidad reconocer a esos profesionales de referencia que nos informen de manera honesta y digna. En arte, sin duda, pero en cualquier otro campo es igual de importante.

A esa dignidad y honestidad en nuestros referentes es a lo que hoy podemos aspirar. Y dado que cada vez se dedica menos espacio al arte en la prensa, no podemos darnos el lujo de desaprovechar espacios. Si seguimos así, no tenemos un problema, tenemos una agonía. Nuestra generación está presenciando el trabajo de los últimos críticos en las diversas artes en prensa: tienen un público que quiere leerlos pero que no tendrá dónde encontrarlos. En este caso, no nos encontramos ante ninguna cesión de voluntad, sino ante el cese impuesto por liquidación de fuentes.

EPÍLOGO

Las creencias de cualquier tipo, impuestas, sugeridas, heredadas, etc. no podrán sostenernos de forma efectiva y real sin una búsqueda personal previa, totalmente independiente a los deseos, presiones o expectativas de otros.

Lo que somos y quiénes somos es el resultado de numerosas circunstancias; muchas de ellas escapan a nuestra elección: nos vienen dadas por el espacio y el tiempo donde vivimos, por la genética, la familia (o la ausencia de ella).

¿No sería un reto emocionante tomar las elecciones que sí están en nuestras manos? ¿Por qué ceder nuestra voluntad a un sistema imperfecto o dañino, por qué renunciar a una representación real y un sistema de gobierno efectivo? Tenemos derecho a elegir en multitud de campos, simplemente no somos conscientes de ello o, si lo somos, lo dejamos estar.

Resulta que al final una vida más digna, una sociedad más justa, un sistema de gobierno efectivo, un futuro mejor pavimentado para nuestros menores, libertad para sostenernos y vivir nuestras creencias libremente y terminar con la impunidad de quienes se disfrazan con ellas para comerciar, ser informados de forma honesta y vivir nuestro ocio hasta rebosar sí era posible.

ACERCA DEL AUTOR

Mirian Arbalejo

Mirian Arbalejo se ha dedicado académica y profesionalmente a las humanidades y a las artes, aunque sus intereses y titulaciones abarcan otras inquietudes. Estudió a Ortega con Julián Marías, griego homérico con J. Thorley y M. E. Iatrakou, constitucionalismo en la historia con M. Artola Gallego y antiguas democracias con F. Rodríguez Adrados.

Es filóloga clásica, con estudios en España y Grecia (receptora de varias becas EUROCLASSICA), así como divulgadora y crítica de jazz (actualmente, el exponente más internacionalizador de este campo en su país, con colaboraciones como ponente, escritora o jurado en la radio pública de EEUU: NPR, la revista «DownBeat», la Jazz Journalists Association, Institut Français, 7 Virtual Jazz Club Contest y festivales internacionales de de jazz).

Escribe desde hace años sobre diversos temas en varios géneros.